発信する学校図書館ディスプレイ
使われる図書館の実践事例集

もくじ

手に取ってくださったあなたに ……………………………………………………………… 4

第Ⅰ章　基本の表示 ……………………………………………………………………… 5

Ⅰ-1　本の分け方を示す　6
小学校の分類表示　6／中学・高校の分類表示　7

Ⅰ-2　どんな本が並んでいるかを示す　9
分類を示す　8／著者名で示す　9／配架を説明する　10
コラム　棚づくりの大前提　10

Ⅰ-3　ひと目でわかる表示　11
大きく表示する　11／表示場所を工夫する　12／ぬいぐるみ・小物を利用　14
コラム　発信スペースはいろいろ　12

第Ⅱ章　図書館と読書へのお誘い ……………………………………………………… 15

Ⅱ-1　ようこそ図書館へ　16
いろいろなメッセージ　16／新着本の紹介いろいろ　18

Ⅱ-2　年間の展示　20
新学期　20／長期休みの前　22／ブックカレンダー　23／クリスマス　24／正月　26／時事関連　27
コラム　客観的に見てみる　21
コラム　本屋さんのディスプレイは参考になる　22
コラム　考える読書　25
コラム　ブックトラックは便利　29

Ⅱ-3　おすすめの本　30
利用者参加型のおすすめ　30／図書委員のおすすめ　31／司書・担当者のおすすめ　32／「今日」にちなんで　35
コラム　ボランティアや生徒にお願い　34
コラム　子どもとの距離を縮める　35

Ⅱ-4　発展的な読みへ　36
ストレートに提案　36／つなげて紹介　37
コラム　つながる紹介をするために　37
コラム　読書活動の成果　38

Ⅱ-5　館外で図書館をアピール　39
図書館の外のディスプレイ　39

　　　　コラム　クラスに行こう　41

Ⅱ－6　発信力UPのポイント　42
　　　紹介文をつける　42／書架そのものを目立たせる　43／クイズにしてみる　43
　　　　コラム　配付物と掲示で図書館をアピール　44

Ⅱ－7　展示・掲示の工夫　45
　　　100円ショップのもので　45／いろいろ小技　46／小さな展示で常に新鮮　49／
　　　小さな工夫をいろいろと　51
　　　　コラム　何を伝えるディスプレイか　49
　　　　コラム　捨てずに取っておこう　50
　　　　コラム　しおりづくりもカラフルに　51
　　　　コラム　POPづくりあれこれ　52

第Ⅲ章　学びと図書館　53

Ⅲ－1　学びをバックアップ　54
　　　学校行事をバックアップ　54／教科につなげるために　57／授業をサポート　60／
　　　書籍以外の資料　62／進路につなげて　67
　　　　コラム　帯の活用　61
　　　　コラム　こんな配架も　62
　　　　コラム　パンフレットやチラシなどで「きっかけ」づくり　66

Ⅲ－2　学びと連携　68
　　　きっかけづくりから連携へ　68／定着した連携とディスプレイ　69／
　　　給食とのコラボレーション　72／博学連携　73
　　　　コラム　教育活動に沿った運営を！　70

Ⅲ－3　情報教育の拠点として　74
　　　調べるときのアドバイス　74／ネット利用の注意喚起　76
　　　　コラム　調べるコーナーをつくる　77

Ⅲ－番外　授業を考えた図書館レイアウト　78
　　　　コラム　本の情報の仕入れ方　80

付録　81
　　型紙の使い方　82／型紙　84
　　ディスプレイの著作権　Q＆A（回答者　NPO法人　著作権教育フォーラム　大貫恵理子）　90
　　著作権法（抜粋）　92
　　学校図書館担当者のお役立ち情報源　94

監修者紹介　ご協力いただいた方々　95

手に取ってくださったあなたに

　本書を手に取っていただき、ありがとうございます。
　ただ、最初にお断りしておくと、本書は「図書館をどうしたらきれいに飾れるか」「どうやったらセンスが磨けるか」ということを主眼にした本ではありません（ちょっとはヒントもありますけれど）。

　じつはこの本を監修してくださった吉岡裕子さん、遊佐幸枝さんが口をそろえておっしゃったのは、「学校図書館で本来の仕事をすると、図書館をディスプレイする時間はないんですよ。そもそも学校図書館が美しく飾ることを目的とするようではだめですけどね」ということでした。お二人は、まさに学校図書館がその役割を果たせるよう、日々奮闘していらっしゃいます。

　学校図書館の役割、それは学校図書館法にあるように、いろいろな資料を収集し、整理し、保存して子どもたちや教職員に提供することによって、「学校の教育課程の展開に寄与」するとともに、子どもたちの「健全な教養を育成」すること、です。ですから学校図書館の担当者の仕事は、そうした図書館をつくり、運営し、学校教育に深く関わっていくことなのです。それゆえ、美しさを目指すディスプレイなど、やっている暇はないというわけです。
　もちろん、美しく飾らなければ魅力が感じられず、そもそも子どもたちが来ない、という学校図書館があるでしょう。また、図書館の担当者といっても立場上授業や教育に関わるなど考えられない、という方もいらっしゃるでしょう。しかしそれでも、学校図書館を任された以上は、まず、その図書館の現状を知ることや、どうすれば学校図書館としての機能を発揮できるかを考えることが大切です。その上でディスプレイも、美しさを目指すのではなく、今子どもたちに伝えなければならないことは何か、そのために掲示や展示をどうするのかという視点で考え、実施することが重要です。

　というわけで、本書は美しく飾るテクニックやセンスを磨くコツを紹介する内容にはなりませんでした。そのかわり、使われている図書館ではどんな掲示があり、本や資料の見せ方がされているのか、それができるには日頃何をしなければならないのかということを取り上げています。全国には立派な実践をされている学校がまだまだありますが、ご紹介できず、申し訳ありません。
　本書を手に取ってくださったあなたの胸に、子どもたちの学びに欠かせない学校図書館とはどのようなものなのか、という興味が湧き、そういう図書館をつくりたい、という希望が少しでも生まれるようであれば、望外の喜びです。

編集部

第 I 章

基本の表示

本の分け方を示す

　図書館では、書籍を一定の規則に従って配架するのが原則です。その規則を利用者に伝える表示は重要です。利用者に配付する「手引き」などで紹介しているところもありますが、とくに図書館利用初心者が多い小学校では、常掲して、いつでも子どもたちが確認できるようにしたほうがいいでしょう。

小学校の分類表示

見上げるとすぐわかります。

分類理解のために

子どもが**よく手に取る本**を例にします。

ラベルを示して。

「絵本は別置」の印も。

中学・高校の分類表示

中学・高校では
分類の意味そのものを
説明する表示を掲示
してもよいでしょう。

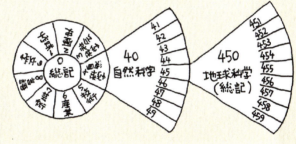

こういうのも
ありますね。

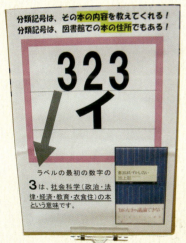

低書架の上に
説明表示を
してもよいかも。

返却本も分類

返却された本を一時的にブックトラックに載せておくときも、軽く分類しておくと、子どもたちに分類を意識させるきっかけになります。

I-2 どんな本が並んでいるかを示す

　どんな配架をしているにしても、書架そのものに「ここにこういう本が並んでいる」と示すことは絶対に必要です。利用者にとってわかりやすい、使いやすい形で表示しましょう。

※日本の公共図書館、学校図書館の90％以上では、NDC（日本十進分類法）による配架が行われています（2008年。公共図書館は日本図書館協会分類委員会、学校図書館は全国学校図書館協議会調べ）。

分類を示す

小学校の例

```
78
スポーツ
```
← 小学校では、通常の分類は2ケタで。

```
489
哺乳類
```
← 細かく分けた方がわかりやすいジャンルは3ケタで
（486 昆虫
487 水の中の生き物）

高校の例

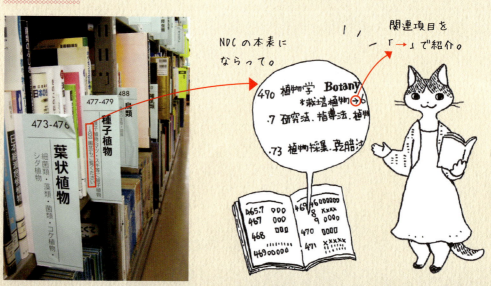

NDCの本表にならって。

関連項目を「→」で紹介。

470 植物学 Botany
　*栽培植物→6
.7 研究法・指導法・植物
.73 植物採集・乾燥法

著者名で示す

小学校の例

9類は冊数が多いので、著者名で配架することが多いです。

書架サインとラベルを対応させて。

中学校の例

説明があると親切。

913.6（日本の小説）
914.6（日本のエッセイ）
915.6（日本の紀行文）
916　（日本のルポ）
いっしょにしました！

どういう配架かわかります。

近代以降の日本文学は、まとめて著者名順で並べているんですね。

※キャラクター使用の際は著作権に注意（→ p.90）

配架を説明する

NDCなどの表示のほかに、「このあたりにはこんな本があります」と示すサインを掲げている図書館もあります。利用者にとって、よりわかりやすく、親しみやすい表示です。

☆なかにはもう一歩踏み込んだ表示をしているところもあります。
学校図書館には「文化の伝承」という役割もあるという担当者の思いからつくられた棚であり、表示です。

棚づくりの大前提

学校図書館では、棚をつくることは担当者の大切な仕事です。そのときに考えなければならないのは、
・どういう学校図書館をつくりたいのか。
・その学校の教育をどのように支えていきたいのか。
・自校の子どもたちに、本を通して何を伝えたいのか。
ということです。
これらは選書の大前提でもあり、一貫した選書基準で集められた本があってこそ生きた棚づくりも可能になるのです。

I-3 ひと目でわかる表示

来館者に知らせたいことは、目立つように工夫して表示する必要があります。

大きく表示する

貸出期間や貸出冊数はカウンターに表示していても、よく尋ねられます。そんなときは……

貸出期限や冊数などはカウンターだけでなく壁面にも大きく表示しましょう。

レファレンス対応ができることもアピール！

☆レファレンス対応をするためには日頃の準備が必要。自館の蔵書を把握することはもちろん、相手の意図を引き出せるよう、コミュニケーションの力を磨きましょう。

☆その他、開館時間の表示、図書館で行っているサービスの表示なども考えられます。

表示場所を工夫する

どこにどんな本が置かれているかが遠くからでもわかるよう、サインを目立たせましょう。そのためには表示を置く場所にも工夫が必要です。

書架の上に表示

低い書架は上部を利用（→p.7）

つくり方

同じ表示を書いたものを2枚用意し、それぞれを厚紙にはります。

厚紙を両面テープで接着。

スタンドクリップで書架上に固定。

発信スペースはいろいろ

① 天井に貼る
② つるす　落下注意!!
③ 柱の側面
④ 書架の上
⑤ 書架の側面

見渡してみると、いろいろなところにスペースが見つかります。工夫してメッセージを発信しましょう。

つるして表示（落下に注意）

個々の表示を取り外すこともできます。つるせない場所に移動したときは、分解して掲示。裏にワークシートを入れることも可能です。

つくり方

クリアファイルにパンチで穴を開け、リングで連結します。

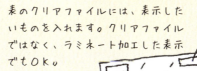

リングで連結する

ワークシート入り表示

表のクリアファイルには、表示したいものを入れます。クリアファイルではなく、ラミネート加工した表示でもOK。

両面テープ

ワークシート

裏面

クリアファイル同士を両面テープで接着。

裏のクリアファイルにはワークシートを入れます。

スーパーの表示をイメージして。

遠くからでもすぐわかる！！

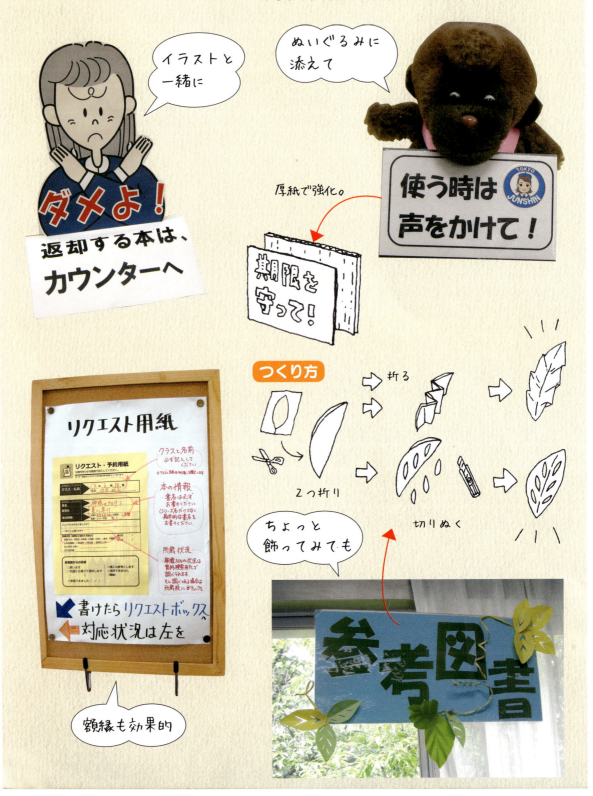

第  章

図書館と読書へのお誘い

Ⅱ-1 ようこそ図書館へ

図書館の入り口のディスプレイには図書館の個性が表れます。利用者とどういうスタンスで向き合うかを、利用者に知らせる場所でもあります。

いろいろなメッセージ

ブラックボード

普通のお知らせはもちろん

こんな親しみやすいコメントも

マグネットも活用して

ブラックボードのメッセージは目立ちます。

しおりのつくり方（→p.51）

奥の展示の案内

奥にコーナーをつくっても入り口で知らせることができます。

図書館の約束

　学校図書館にある2つの役割を図書館の約束として掲げた例。この掲示は、図書館の運営に迷ったときの自分自身の指針にもなります。

「図書館の自由に関する宣言」(by 日本図書館協会)やそれをかみ砕いた文言を掲げているところもあります。

誰もが目にする場所に掲示を。

☆掲示するスペースがないときは、たよりなどで繰り返しアピールするのもよいでしょう。

☆た…たのしくて
　い…居心地がよく
　や…役に立つ何かが
　き…きっとみつかる
（東京学芸大学附属世田谷中学校）

新着本の紹介いろいろ

図書館前に

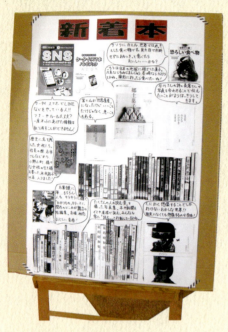

図書予算が少ない学校でも、年に1、2回のまとめ買いより、できれば毎月少しずつでも新しい本を入れる方がよいでしょう。そういう動きのある図書館の方が魅力的ですから。そしてせっかく入れた新着本の紹介はきちんと行いましょう。このあたりは手がかかっても行う価値があります。

図書館の入り口に

予約本到着のお知らせは入り口付近に。

リクエストに応えるシステムがあると図書館が魅力的になります。

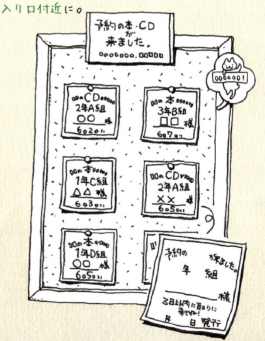

大がかりな紹介

大きな掲示板をいっぱいに使った紹介です。

左右に新しく入った本の告知ニュースをはり、中央にはテーマ別に分類した書籍紹介が、工夫して掲示されています。

背景や小物は使い回しができます。

つくり方

紙袋を切り開き、小さくつくり直します（15cm×12cmくらい）

両面テープ

片面は余白を残し、両面テープをはります。

1冊1枚の書籍紹介文を作成し、ラミネート加工して袋に入れます。

針が長めのがびょうで背景にとめます。

ジャンルを示すPOPは表に。

配付物（新刊告知）も書籍紹介の横に掲示。
（→ p.44）

Ⅱ-2 年間の展示

季節の行事やニュースにちなんだ展示は、学校図書館の定番。使われている図書館では、こうした定番の展示もひと味違います。展示のテーマの立て方の例を見てみましょう。

新学期

 テーマで工夫

4月、図書館のオリエンテーションに合わせて、いろいろな「図書館」の本を展示。

このほか、新しい出会いにドキドキする新学期は「春は冒険」というテーマ設定はいかがでしょうか？

また、「春の草花」をテーマにした展示がよく見られますが、この場合も展示架の段ごとに花のなかま分けをするなど、工夫をした展示をおすすめします。

☆小学校で大きな展示で本を紹介するときは、全学年を念頭に選書をしましょう。1年生から6年生までが読める本、読みたくなる本を紹介する必要があります。

前年のデータを活用

年度初めの展示に、年間の貸出データを活用してはいかがでしょうか。前年の児童生徒がどんな本をよく借りたのかを示すと、入学、進級した子どもたちが興味を示します。

上位20位くらいを展示し、借りられたら次点の本を繰り上げ展示します。

客観的に見てみる

　学校見学や文化祭などで外部の人が学校に来る機会があります。そんなとき、図書館も紹介させてもらえるとよいですね。外部の人の目を意識すると見慣れた図書館が違って見えます。

　そんな機会がなくとも、ときには外部の人に紹介するつもりで自校の図書館を見直してみましょう。どこに力を入れたらよいか、どこから整えたらよいか、道筋が見えてくるはずです。

長期休みの前

小中学生向けの書籍を出版している出版社の多くは、学校の長期休みに合わせてフェアを行います。特別なカタログを作成したり、ブックガイドをつくって配布したりするので、これを活用してみましょう。

カタログの記事を切りぬき、ラミネート加工します。

裏の記事を利用するために、カタログは2冊用意を。

本屋さんのディスプレイは参考になる

学校の図書館では、大型書店と同じような美しいディスプレイをすることは難しいでしょう。見た目だけを追及するのではなく、何を伝えるディスプレイなのかをまず考えたいものです。

とはいえ、装飾物のとめ方、色合い、表紙の見せ方など、細かなポイントに思いがけない工夫があります。そういう点で本屋さんのディスプレイは参考になります。

ブックカレンダー

1か月のできごとにまつわる本を選んで、カレンダーをつくる展示です。365日の出来事や記念日を集めた本はいろいろ出版されていますから、そんな資料をもとに選書してみてください。1日ずつ説明を加える必要があり、けっこう手間がかかります。もし夏休み中も図書館に出ることができるなら、そのときに試してみてはいかがでしょうか。

 ### 9月のカレンダー

それぞれの日付の説明をつけます。

借りられても元の本がわかるように、表紙のコピーを後ろに置きます。

クリスマス

12月の声をきくと、街中だけでなく学校図書館も「クリスマス」の飾りが盛りだくさん。単純にクリスマス関連の本をそれらしく飾り付ける以外にも魅力的に本を紹介する方法があります。

アドベントカレンダー

基本のつくり方

①黒い模造紙に、窓を24個開けます（イラストではわかりやすくするため、白い紙で示しています）
②本の表紙コピーと紹介文を裏からはりつけます。
③日付を書いた白い紙を窓の表にはります。窓はシールでとめて。
④12月になったら1日ずつ窓を開け、とめていたシールでおさえます。

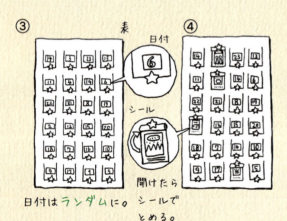

台紙は形をかえてもOK。

クリスマスツリー

100円ショップの洗濯ばさみでとめます。

本の表紙と紹介文。

クリスマスツリーを本の紹介に利用。表紙のコピーと紹介文を書いたカードをラミネート加工し、ツリーにつるします。

考えるクリスマス

一見普通の展示のようですが、考えることを促すメッセージ付き。

奥深いテーマと選書です。

楽しい行事をきっかけに多角的な見方をすすめられるのも、多種多様の情報がある図書館ならでは。

考える読書

中学生や高校生が対象なら、楽しいイベントのときも、それをきっかけに何か考えさせられるような本の提案をしてもよいのではないでしょうか？　この展示をしていたのはカトリックの学校。もともとクリスマスは浮かれ騒ぐ行事ではありませんでした。クリスマスの行事に関連して社会問題に関する本を展示しています。

このほか、バレンタインデーにちなんでチョコレートをめぐる国際的な格差、貿易の問題、児童労働などに関する本を紹介する、ということも可能です。

正月

行事に合わせて

1年のはじめとして気分も盛り上がる正月。しかも冬休み明けにかかるので、ディスプレイにいつもより時間をかけられる学校も多いでしょう。

準備から始まるお正月の本の**すごろく**。上がりはもちろん「正月」。

おせちの本のコーナーにはおせちの中身の紹介を。

ラミネート加工したカードの裏に紙で簡単な支えを。

ポスター利用

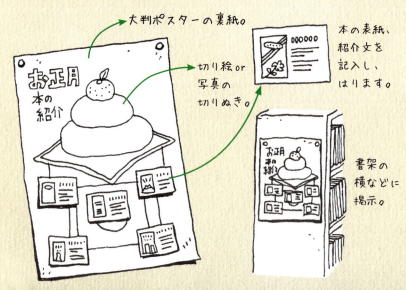

大判ポスターの裏紙。

切り絵or写真の切りぬき。

本の表紙、紹介文を記入し、はります。

書架の横などに掲示。

☆正月の展示で選ばれる本の筆頭は、**干支に関するもの**。しかし、十二支の中には本の数が少ないものがあります。
そんなときは正月行事の由来やおせち料理、あるいは1年間に目を向けて年中行事や暦などを**調べる本**が候補になります。

時事関連

　ニュース、話題のイベントも展示テーマとしては定番。ワールドカップや夏季・冬季のオリンピックなどは、あらかじめ時期も決まっている上、児童生徒の関心も高いので、いろいろな角度のテーマで本を紹介できます。一方文字通りの「ニュース」を利用した書籍の紹介は、どれだけ自館の資料を把握しているか、で違いが出てきます。

イベント関連

イベントそのものの関連ニュースと本。

イベント開催国や周辺情報も取り入れて。

幅広い選書で特集展示を。

文字通りのニュースで

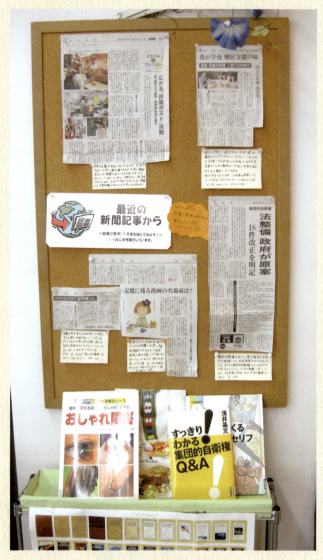

①新聞に注目記事を発見！！

②切りぬきます。

③コメントをつけて。

④関連書籍をチョイス。

☆蔵書が把握できていると選書もしやすくなります。

⑤コーナーに展示。

小さくとも記事＋書籍の常設コーナーを設けておくと手早くできます。

ブックトラックは便利

「ブックトラック」は、図書館と利用者を結ぶ上でとても活躍します。ここにいくつかの例をあげました。なお、返却本を棚に戻すときに使う方も多いと思いますが、この作業は書架のどの部分が動いているかがわかる大切な作業。自館を把握するためにもできれば人任せにしないほうがよいでしょう。

①手軽にコーナーがつくれる

ニュースに基づくコーナーづくりなど、スピードが求められるときにぴったり。

②図書館内の好きな場所に移動可

例えば図書館での多読授業で。資料をぬき出し閲覧スペースの机横に準備すれば、授業もスムーズ。

③授業資料を載せて教室へ

教室での出番を待っているブックトラック。

④出前図書館がすぐできる

出張貸出や校内移動図書館もすぐできます。

ブックトラックミニ情報

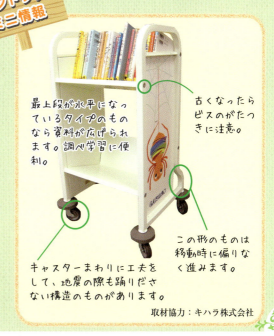

最上段が水平になっているタイプのものなら資料が広げられます。調べ学習に便利。

古くなったらビスのがたつきに注意。

キャスターまわりに工夫をして、地震の際も踊りださない構造のものがあります。

この形のものは移動時に偏りなく進みます。

取材協力：キハラ株式会社

Ⅱ-3 おすすめの本

友人や司書、先生などよく知っている人がすすめてくれる本には手が伸びます。いろいろな人からのおすすめのしかたを集めてみました。

利用者参加型のおすすめ

各巻表紙のコピーには厚紙をはります。

帯を拡大。

出版社のPR用チラシなどを利用。

コルクボードを1枚用意して、紹介とおすすめを一度に行います。

紹介文を書いてもらったカードは、自由にはって公開。

おすすめのカードをセット。図書館に来た人なら誰でも書いてかまいません。

高学年向けの本も、紹介文を読んだ中学年が借りたこともあります。

図書委員のおすすめ

新委員の自己紹介をかねて

委員おすすめの本の表紙、タイトル、おすすめのポイントを書いて、クラスの指定の位置にはります。
書き方は自由！

本の福袋企画

1つのテーマにそって、3冊の本を選び、袋に入れます。

中に入っている本の共通テーマ。

袋を開けなくても貸し出せるよう、本の登録番号を。

常設おすすめコーナー

借りられたら紹介文を残して。

テーマ決めも図書委員の手で。

ふせんに紹介文を書き、本にはります。

ふせんは手軽で便利。

31

司書・担当者のおすすめ

　図書館の担当であれば、利用者にいろいろな本をおすすめしたくなるでしょう。ユニークなおすすめのしかたを紹介します。また、「見つからないときは相談して」という一言を添えてみるとコミュニケーションのきっかけになります。

ミニミニ本棚

菓子箱を利用した小さなおすすめ本棚です。カウンター横などに設置します。

竹串
2〜3cm

縮小コピーした本の表紙を竹串にはります。

4cm
3cm
もちろん紹介文も。

まるごとおすすめの本棚

子どもとおとなの中間にいる生徒におすすめの本を集めた本棚です。

（子ども＋おとな）÷2＝ことな

ひとことプラス

本の相談は司書に！

おすすめの掲示をするとき、一言加えると担当者の存在感が増します。

朝の読書おすすめ本
読みたい本が見つからない時は気軽に司書まで！

カードで紹介

利用者がおもしろがって本の情報を得られる工夫を見つけました。司書や図書館の担当者と会話するのが楽しみな利用者もいますが、一人で探してみたい、という子どももいるはず。そんな利用者にぴったりのおすすめ法です。

自由に見て選べます。

POP

タイトルやラベル、紹介文を書いたカード。

くじで紹介

駄菓子のポットや空き瓶を利用。くじをひくように紹介文をひきます。

表紙コピー
紹介文
ラベル

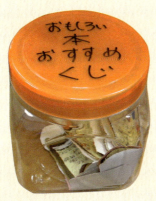

小さな小さなコーナー

100円ショップのかご

無料配布のうちわ

紙に文字を書いてはります。

カウンター前でも

並んでいる利用者にも
おすすめを！

ボランティアや生徒にお願い

紹介する本を選んだり、中心になる展示のテーマを人任せにすることはできませんが、装飾や小物づくりにはボランティアの方や生徒の手を借りてみましょう。

横2m以上の大作「水」の本の展示（→p.40）に関連しています。

隣接する中学校の生徒の作品。授業の成果（→p.69）をゆずってもらいました。

手足が動くすぐれもの。

「今日」にちなんで

出来事を主に

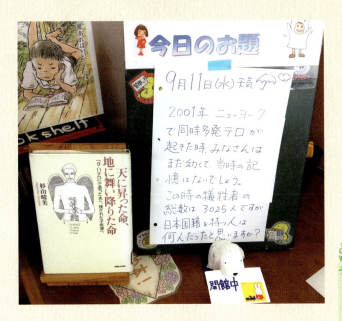

めくると答えが…。

そばには関連書籍を。

子どもとの距離を縮める

定期的に変わる小さな掲示には、児童生徒と図書館担当者の間の距離を縮める効果があります。あまり読書が好きでなくとも、図書館の中の変化を見るためだけに来る子どもや、「新しくなったね」「これ、知ってるよ」とカウンターで話しかけてくる子どもが現れます。

本日の一冊

作家の誕生日や暦にある記念日などにちなんで、一冊をセレクト。

レストランなどの「おすすめ」をヒントに。

II-4 発展的な読みへ

「よく読む」児童生徒でも多くは好きなジャンル、レベルに偏りがち。ときにはより高度な内容の本にチャレンジするよう促してみてはどうでしょうか。直接すすめてみてもよいけれど、掲示の形で提案すると、「ふーん」と納得してこっそり読み始めるかもしれません。

ストレートに提案

書架の横や柱などに、すすめたい本のミニポスターをつくってはってみましょう。なかなか利用されない理系や芸術系の読み物、ノンフィクションなどをすすめるのにぴったりです。

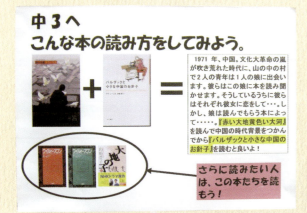

ステップアップをすすめて。

つなげて紹介

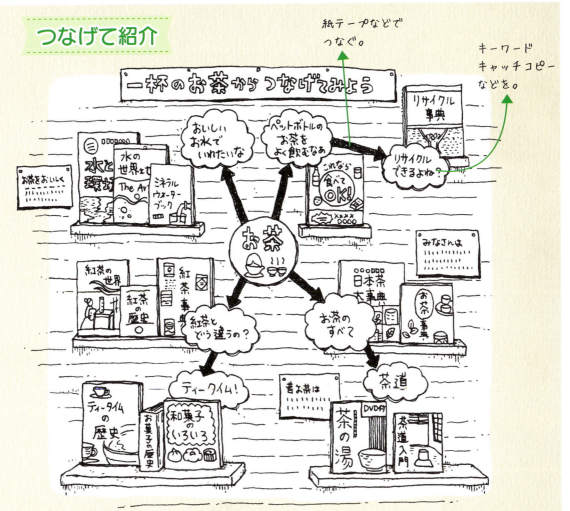

中央に大テーマを、そこから関連、連想される小テーマへと広げ、それぞれにつながる本を紹介しています。一つのテーマからいろいろな本との出合いに広げられることがわかります。

つながる紹介をするために

このような紹介をするためには、すすめる側の発想力が大切です。一つのテーマに関連するキーワードをいくつあげられるでしょうか？ 次に、キーワードに関連する書籍を集めなければなりませんが、ここで必要なのは、やはり自館の蔵書の把握。ブックトークづくりでも同じ発想力、構成力が必要です。

読書活動の成果

児童生徒に読書記録をとらせている学校も多いことでしょう。その成果を掲示すると、子どもたちにとって大きな励みになります。樹木の形の背景をつくっておいて、そこに読書をした子どもが葉をつけていく方法や、読んだ本のページ数を距離に換算し、世界地図に記していく方法など、いろいろなやり方があります。

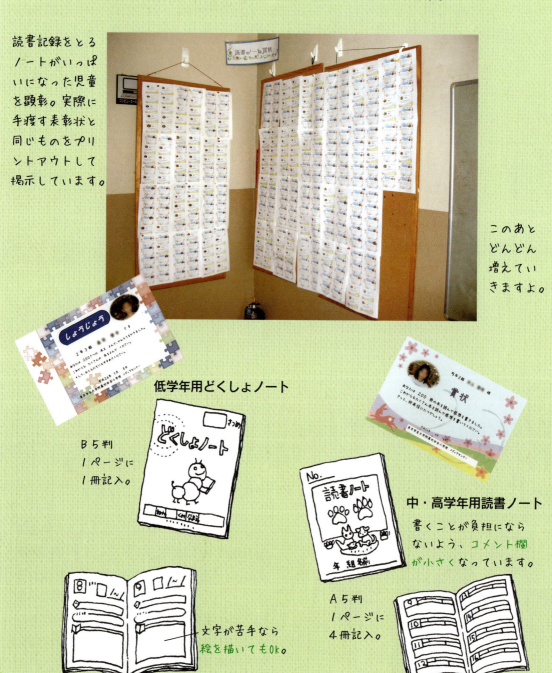

読書記録をとるノートがいっぱいになった児童を顕彰。実際に手渡す表彰状と同じものをプリントアウトして掲示しています。

このあとどんどん増えていきますよ。

低学年用どくしょノート

B5判 1ページに1冊記入。

文字が苦手なら絵を描いてもOK。

中・高学年用読書ノート

書くことが負担にならないよう、コメント欄が小さくなっています。

A5判 1ページに4冊記入。

Ⅱ-5 館外で図書館をアピール

校内の合意がとれるならば、図書館以外の場所にも展示をさせてもらいましょう。まずは図書館がどんな場所で何ができるのかを、利用（予定）者に知ってもらうことが大切。自校の図書館の状況に合わせて、利用者を呼び込みましょう。

図書館の外のディスプレイ

 出張図書館

図書館からはなれた場所に置かれた「出張図書館」。書籍は館内蔵書とは別に管理されています。

側面には図書館をPRするリーフレットを常備。

手軽なリーフレット、LibraryNAVI®のつくり方

 A4判の紙に両面コピーをし、

 76mm 斜めに切ると、2枚できます。

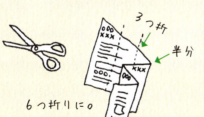 3つ折 半分 6つ折りに。

見出しになります。

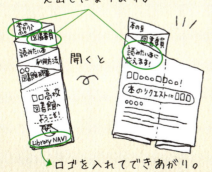 開くと

ロゴを入れてできあがり。

くわしいつくり方は LibraryNAVI アーカイブ http://librarynavi.seesaa.net/ で

昇降口で

古くなった大太鼓の上の部分を使用。

両面テープ

わくと同じ大きさに切りぬいた色画用紙を、両面テープでわくに固定します。

たこ糸をつけてつるします。
掲示板として使用。
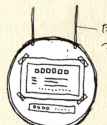

`昇降口`

テーマの表示板は同じものを二つつくります。

`テーマ展示`

台紙に切り紙でつくった文字をはります。

上からすずらんテープをはると「水」っぽい。

実際の掲示場所と昇降口に同じ表示板を置きます。

`図書館`

テーマ展示「水」の「カエルの本」を集めたコーナー。

 ## Ⅱ-6　発信力UPのポイント

　1章では表示に注目を集める工夫を紹介しましたが、ここでは本や作家に注目させるポイントをご紹介します。

紹介文をつける

ふせんなら簡単に紹介可能（→p.31）

本にはなるべく紹介文を。
折り紙は図書委員の協力で作成しました。

本の下、棚の部分に紹介文をはっても。

書架そのものを目立たせる

マスキングテープなどで書架を飾りました。

新書を一か所に集めました。

色模造紙で棚の一部を目立たせることも。

クイズにしてみる

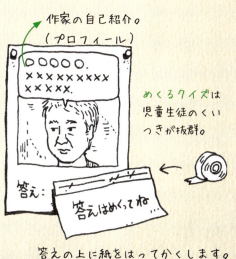

作家の自己紹介。（プロフィール）

めくるクイズは児童生徒のくいつきが抜群。

答えの上に紙をはってかくします。

配付物と掲示で図書館をアピール

(→p.19写真)
生徒に配付したたよりを
書籍紹介の横に掲示。

めくると

図書館から発信する手段の筆頭は「配付物」。それは対象が誰であれ、つくり手の考えを外部に伝えるものになります。たとえば書籍の紹介文ひとつからでも、発信者の本の見方、読み方を伝えることができます。そのことが、それまで図書館にあまり関わりを持たなかった先生とのコミュニケーションの糸口になった、というお話をよく聞きました。

こちらも掲示された
配付物（配ったもの
は白黒で印刷）。

「たより」のような配付物は、図書館と図書館担当者をアピールする重要なツールです。

展示・掲示の工夫

　本を展示したり、メッセージを掲示したりするときのヒントになる事例です。装飾、展示にお金や手間をかけられないのはどこも同じ。ここにあげたちょっとした工夫で、彩り、節約、強調などの効果を狙ってみましょう。

100円ショップのもので

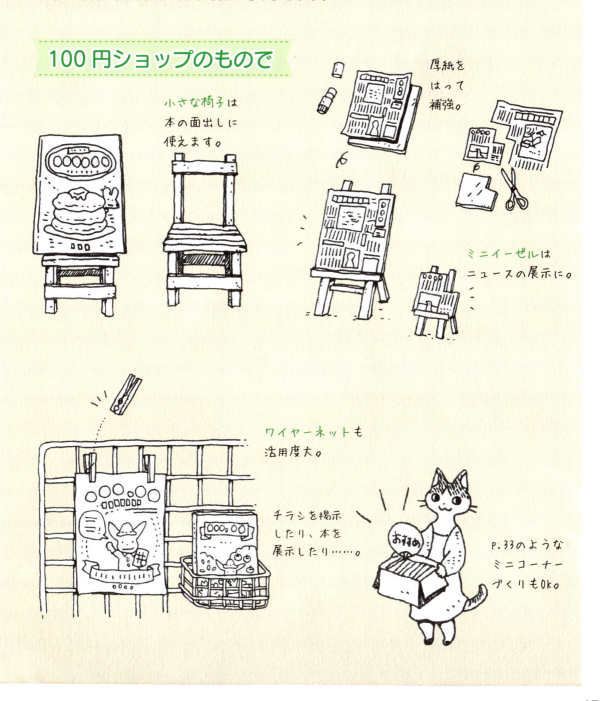

いろいろ小技

工作用紙の面出しスタンド

学校にある紙を使って。
（工作用紙、色画用紙など）

ダンボールを利用した面出し

段ボールに色模造紙をはって展示用に。

古い本棚を再活用。

芯が段ボールだとがびょうが簡単にささります。

がびょう

紹介文

お金をかけないPOPスタンド

ロール芯の活用

ブックコートフィルムの芯などを活用。ラミネート加工した紹介文をはります。

地域の課題図書、全冊の紹介文が勢ぞろい。これから展示されます。

かまぼこ板とコルク栓

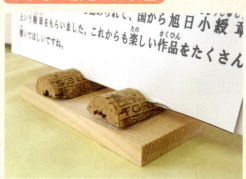

コルク栓を半分に切ってかまぼこ板にはります。栓に切り込みを入れてPOPなどをはさみます。

余った色画用紙の活用

四等分して一面をはり合わせます。

POPをはさむ部分は、斜めに切り込みを。はさんだPOPが上向きになり、読みやすくなります。

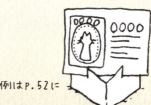

使用例はp.52に

🐈 河原の石も小枝も

拾ってきた普通の小枝。

パンフレットの重しに。
ときには文鎮がわりにも。

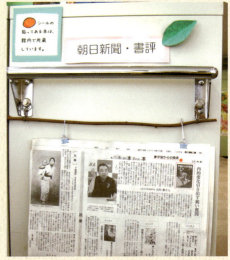

🐈 カレンダーの裏紙利用

使い終わったカレンダー。
そのまま捨てるのはもったいないので……。
紙の厚さがちょうどよいのです。

裏紙利用

ちなみに、作家さんのお誕生日は子どもに大人気。同じ誕生日の作家さんを見つけて大喜びだとか。

小さな展示で常に新鮮

　どんなに工夫をこらした装飾であっても、見慣れてしまっては利用者の目をひきません。簡単に鮮度を保つ一つの方法は、小さな展示スペースを複数設けること。順に更新していけば、いつもどこかが新しい図書館になります。

　ただし、がんばり過ぎは禁物。疲れて更新しにくくなっては、本末転倒です。

何を伝えるディスプレイか

　古い、あるいは暗い図書館という汚名を返上して、子どもたちを招き入れるためには、きれいな装飾が必要です。けれども、見栄えばかりを気にしていては、「学校図書館」のディスプレイとはいえません。子どもたちに何を伝えたいのか、何のためにそのディスプレイをするのか、そこをまず考えましょう。

捨てずに取っておこう

毎年、同じ時期に同じテーマの展示をするのであれば、表示、メッセージなど、最初にちょっとだけ手間をかけてつくり、とっておくようにしましょう。図書館の日常は大忙し。できる限り展示や掲示にかける手間は省きたいですし、使い捨てはもったいないです。

注意
- セロテープは使用不可。変色します。
- 分類して保管すること。探す手間がかかるなら、もう一度つくるのも同じこと。

コーナーの表示やメッセージカードはいろいろな場面で使えます。ラミネートパウチの機械（5,000円くらい〜）があるなら、活用しましょう。ラミネート加工すると耐久性がグンと増します。

小さな工夫をいろいろと

長く掲示するものは裏打ちを

1年間利用するカレンダーや常掲の注意書きは、厚紙などで補強しましょう。

立体感を出す工夫

立体感を出すと美しく見えます。

のり付きボードをつけたり……。

紙をリング状にしたものを裏につけたり……。

しおりづくりもカラフルに

台紙（B6判を5等分くらいのサイズ）にマスキングテープをはります。

ステッカーやシールを重ねてはってコラージュしてみましょう。ラミネート加工で補強。

マスキングテープを使うと、図書館の景品しおりもカラフルになります。

完成!!

POPづくりあれこれ

書店で目立つPOPがついた本がよく売れるように、図書館でもPOPがある本は手に取られやすくなります。そこで簡単にPOPをつくる方法を考えてみました。

POP台のつくり方はp.47。

POPづくりのヒント

＊手軽につくるには……
- 素材……ふせん（→p.31）／出版社のカタログ、新聞書評、帯などの切りぬき。ただしラミネート加工をするか、厚紙で裏打ちを。
- 文章……出版社のキャッチコピー利用／印象的なシーンを一部ぬき書き。

＊なれてきたら……
- 素材……マスキングテープ、シール、色紙など。カラーペンも使って。中高生は素材の情報をたくさん持っています。また、形もいろいろに（巻末型紙もご利用ください）。
- 文章……おすすめポイント自作／独自のキャッチコピー。

「スタイル」が決まると続けやすくなります。

画像は「図書館フリーウェイ2014」出品の都立高校の学校司書の作品です。

新聞の記事や出版社のパンフレットを利用。形に工夫したものも。

第 III 章

学びと図書館

Ⅲ-1 学びをバックアップ

学校図書館の役割は、本との出合いや読書の機会をつくることだけではありません。学校で行われるさまざまな学習活動を支えることも、学校図書館の大切な使命です。

学校行事をバックアップ

移動教室・社会科見学

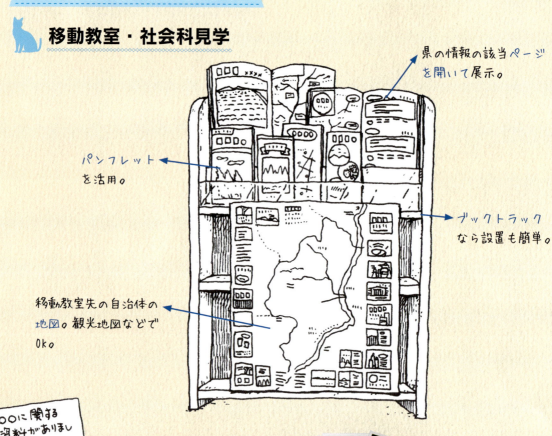

- パンフレットを活用。
- 県の情報の該当ページを開いて展示。
- ブックトラックなら設置も簡単。
- 移動教室先の自治体の地図。観光地図などでOK。

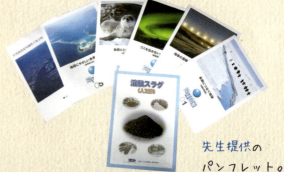

年度末に職員室のすみにこんな箱を置いて、その年に先生方が集めた資料、パンフレットを提供してもらってはどうでしょうか？

先生提供のパンフレット。

修学旅行

　修学旅行に備えて児童生徒が下調べをすることはよくあります。もし行き先が毎年決まっているなら、固定の修学旅行コーナーをつくったほうがよいかもしれません。といっても、データに関わる資料は毎年更新することが望ましく、最新の旅行雑誌などを置くことを考えてもよいでしょう。

行き先が台湾なので、こんな装飾が天井から……。逆さになった「福」の字は福を呼ぶといわれています。

修学旅行先の文化情報、関連本のブックリストを配付し、掲示。

もちろん、ブックトラックでのコーナー展示も、アリです。

旅行雑誌は最新の情報が載ります。そろえられるならぜひ。

55

運動会

ブックトラックの背面を利用。

どこかにその学校らしさを。

ここは毎年制作するクラスTシャツのミニチュアを飾っています。

教科につなげるために

算数

なかなか手に取られないけれど、教科学習の手助けになる本を利用してもらうための工夫をいくつか。
「算数」「数学」の本がその筆頭かも。それらの本にはパズルや推理問題などが載っています。これを形にしてみせると興味を持つ子どもたちがでてきます。

出典は鈴木出版の『ふしぎをたのしもう数と計算』（横地清 監修 こどもくらぶ 著）。残念ながら絶版です。

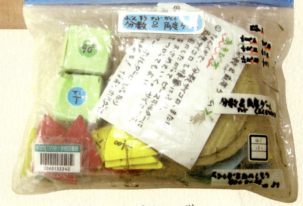

つくったパズルは貸し出しOK。

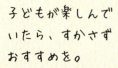

子どもが楽しんでいたら、すかさずおすすめを。

数学

中学高校では、頭の体操的な数学パズルを紹介。
そこから数学全般の本の紹介に。

この展示コーナーは常設ですが、書籍は変わります。

国語＆理科

天気にまつわることわざを、いくつかPOPにして。

複数のテーマの合わせ技で展示をしても目新しさが……。

古典＆英語

切り込みを斜めにすると表示が読みやすくなります。

この学校は帰国生が多いので、日本の古典・名作の英訳本を展示。日本文学に親しんでもらうための工夫です。

授業に合わせて

授業で何をやっているのかは、担当の先生に聞くだけでなく、来館した生徒からも情報収集しましょう。ときどき思いがけない感想や発想に出合えます。

授業をサポート

図書館の資料を使わなければならない授業が増えてきています。図書館もしっかりそれに応えたいものです。

 参考図書紹介

中学生以上でも、参考図書の役割がわからなかったり、使いこなせなかったりする生徒がいたら、こうした掲示は役に立つでしょう。

柱にはって掲示中。

はじめての帯づくり

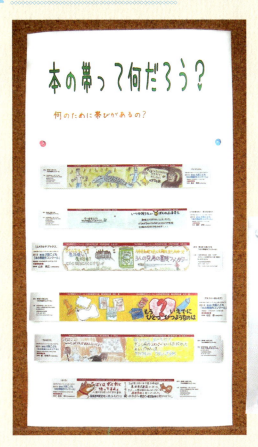

授業で本の帯づくりをする学校もありますが、小学校などでは帯の役割がわからない児童もいます。授業内での説明だけでなく、解説の掲示をしておくと、理解が深まります。

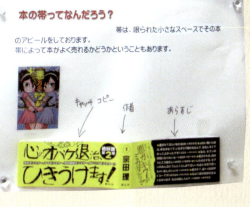

帯の活用

新本についている「帯」にはさまざまな活用法があります。上にあげたように「帯づくり」の見本にするだけでなく、図書館の入り口にはり並べて新刊のお知らせにしたり、切り取って裏打ちし、POPとして使ったり……。帯の活用を考えてみましょう。

書籍以外の資料

雑誌

① 記事索引をつくる
ここが大変！
PC

② ブックトラックに配架

③ 見出しをつける
上の段

雑誌も授業や調べものに使用可能。整えてブックトラックに別置すると、授業などの必要に応じて移動できます。

こんな配架も

同じ時期にほぼ同じテーマの特集を組むような雑誌は、内容を比較したりより多くの情報を一度に得られるようにと、時期でまとめて配架しているところもあります。

新聞の活用

新聞が置かれている図書館にこそ、新聞の構造解説・比べ読みのすすめなどNIEに役立つ掲示をしたいものです。

読み方指南

新聞の読み方を壁に掲示したり、つくりを示したものを新聞の展示台にはったりすると効果的。

比べ読み指南

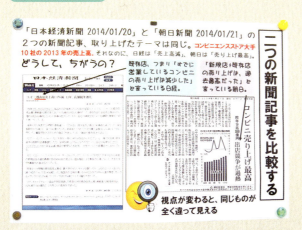

「比べ読み」のような発展的な読みのアドバイスを掲示してもよいでしょう。

パンフレットの活用

きちんと整理して展示すれば活用度が高まる公的なパンフレット。とくに地元自治体や公共機関について調べる機会の多い小学校では、教員にとっても役に立つ資料になります。また、蔵書が薄いジャンルを補う資料にもなります。

「郷土調べ」のためのパンフレットを集めた棚。

薄いパンフレットは主題ごとにまとめてファイルにとじます。

こちらはいろいろなパンフレットを集めたパンフレットコーナー。

学校がある自治体のパンフレットを集めた書架の装飾。
鉄道の模型は、最寄りの駅を走る列車。図書委員がつくって飾ったところ、鉄道研究会の生徒がバージョンアップしてくれました。

体育に関する記事、パンフレットをひとまとめに。
通常の書架に通常の資料扱いで配架しています。

パンフレットやチラシなどで「きっかけ」づくり

　美術館や博物館、文学館などのイベントのパンフレットやチラシを飾っておくと、利用者とのコミュニケーションのきっかけになります。また、校外のさまざまな施設の存在を紹介する効果もあり、図書館来訪者の視野を広げるきっかけにもなります。

司書が足で集めたチラシの数々。図書館前の壁面に掲示しておくと、先生も関心を持って足を止めます。

ふつうは手に取らないような美術の大型本も、展覧会のリーフレットと一緒なら開いてもらえます。

中庭に面した窓際にディスプレイ。中庭から見た生徒がわざわざ図書館に入って来て話しかけてくれたそう。
窓際は日が当たるので、長期間掲示するものは不向き。その点期間限定で退色しても惜しくないイベントのチラシは最適です。

表裏が見られるよう、2枚同じものを飾るのが原則。

進路につなげて

階段横

図書館から少し離れた階段の壁にはられたブックガイド。生徒が足を止めるよう内容に工夫が凝らされています。

p.41にあるように、生徒を進路室→階段→図書館へと誘導できます。

図書館内

図書館の中には専用コーナー。小論文対策の本や職業案内の本のほか、裏側には受験用問題集も。

Ⅲ-2 学びと連携

図書館の働き、役割への理解を学校全体で共有できると、連携した授業が行えるようになります。そんな学校の、授業と連携したディスプレイを見てみましょう。

きっかけづくりから連携へ

☆0から連携に至った経緯です。

①生徒が図書館で調べて書いた レポートを自慢しに来ました。

よかったね

自信作です

おかげさまでいいレポートができました

②自信作を寄贈してもらいました。

後輩のために寄贈してくれない？

よろこんで！！

翌年……

先輩すごい！

先輩たちの作品

③翌年、課題が出る頃、資料とともに展示。

そっか、こう書けばいいんだ。

どうぞどうぞ

生徒が助かっているみたい。来年からよくできた作品を置かせてくださいね。

恒例 **優秀作の展示**

美術館レポート

現 中学3年生

定着した連携とディスプレイ

「お試し」ではなく、ある単元で図書館と連携して行うことが定着すると、定例の展示として授業関連のものが組み込まれるようになります。

家庭科授業との連携

「布を使った幼児のおもちゃをつくる」という単元での連携です。

図書館の資料と家庭科室の資料は、区別がつくようにナンバー表示をし、授業期間中、図書館内に展示します。

あわせて、前年の生徒の作品を参考展示。

ところ狭しと先輩の作品が……。

探究学習と図書館

図書館を使った探究学習がカリキュラムに組み込まれている中学校です。生徒が、立てる「問い」と関連する資料を結びつけやすくするために、分類が細かく表示されています。

中学校の図書館にしては細かい分類です。

さらに優秀作は図書扱いになり、図書館の蔵書となって後輩の学習を助けます。

教育活動に沿った運営を！

学校図書館は、本来その学校で行われている教育と連動して運営されるべきです。上の学校図書館はまさしくこの学校ならではの教育活動のために運営されている例といえるでしょう。

学校図書館担当者は、どんな授業が行われているかをキャッチするアンテナを持ちましょう。

課題への対応

課題図書の打ち合わせをし、ポスターをつくって告知。課題図書を別置します。

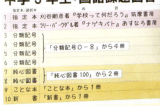

 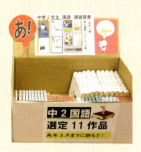

 ## 課題＋α

「新書を読む」という課題ですが、「新書」がわからない生徒が続出。

そこで案内を作製、掲示。

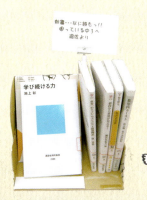

さらにおすすめの「新書」も紹介。

給食とのコラボレーション

給食もまた、学校の中では教育的な意義を持ちます。その給食と連携することで、食への関心を高めさせるという給食の役割と、学校図書館活用の意欲をかき立てるという図書館側の役割を、ともに果たすことができます。

①まずは栄養教諭や栄養士と相談。

②テーマに沿って選書。今年は「世界の食」。

③ポスターをはって告知。

「物語に出てくる食べ物」をテーマにしても。

博学連携

学校図書館法では、その運営として「他の学校図書館、図書館、博物館、公民館等と緊密に連絡し、及び協力すること」とあります。教科で希望があるなら、図書館が窓口になって郷土資料館や博物館などと連絡をとり、資料の借用や展示の可能性について問い合わせてみてはいかがでしょうか。

教科担当と詳しく打ち合わせ、授業の内容を把握し、博物館、資料館などの施設へ。借りたいものを相談したり、講演を依頼したりします。

すると……。

外部施設の担当の人

打ち掛けが借りられました。
着用体験も。

絵巻物のコピーです。書架の上にはりました。

図書館で授業をする時の一時的なディスプレイです。

本物の土器を借用。
触れます。

鎧のレプリカを借りました。
モデルの生徒に着てもらいました。

Ⅲ-3 情報教育の拠点として

図書館は、情報リテラシーを身につけるための場としても期待されています。そんな情報教育の場としても使用されている図書館の、児童生徒向けの掲示を見てみましょう。

調べるときのアドバイス

小学校の場合

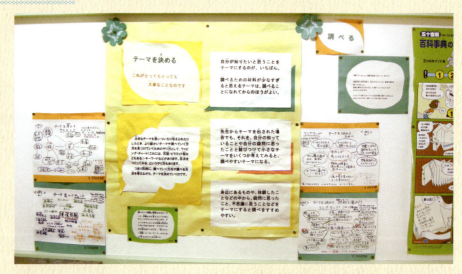

図書館の外の壁面に調べる学習の手順をていねいに掲示しています。

中学校の場合

図書館で情報リテラシーを身につけさせましょう。

調べ方の初歩をアドバイス。

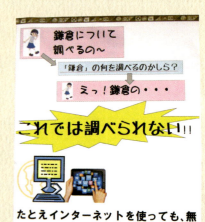

問いをたて、調べて、まとめて、発表するまでの
プロセスも掲示。

参考図書
『中学生・高校生のための
探究学習スキルワーク』
桑田てるみ 編、全国学校
図書館協議会 刊

まとめるコツも伝授します。

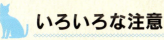
いろいろな注意

「丸写し禁止！」というより
どうすればいいかがわかる
アドバイス。

これも具体的な
アドバイス。

調べて答えを得るまでを、ネットの
場合と本の場合でシミュレーション。

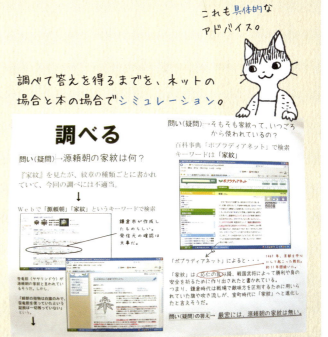

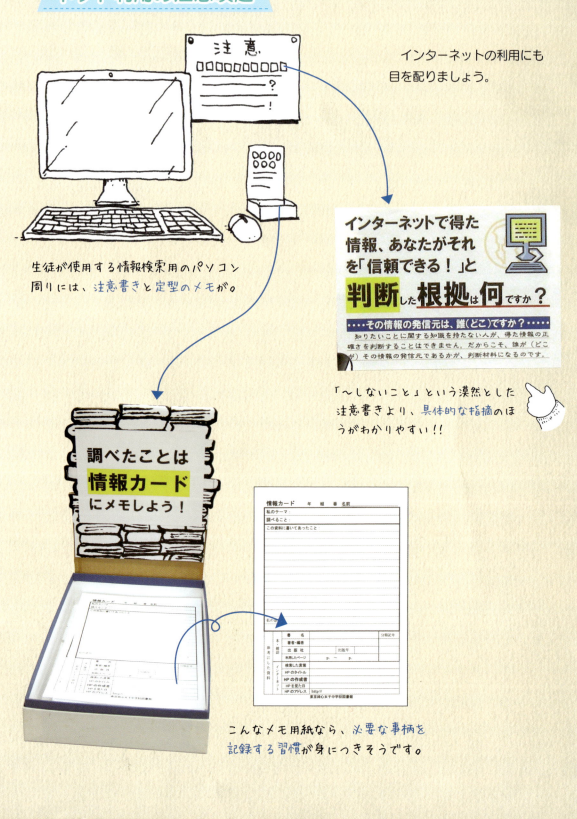

調べるコーナーをつくる

　空き時間に図書館にやってきて、調べものをしたり、レポート作成にあたりする学校もあります。そんなとき、「調べる」ことを手助けするさまざまなツールを一か所に集め、コーナーをつくっておくと便利です。

　利用の手引きからテーマの立て方のアドバイス、パスファインダー、ワークシートなどの資料も整理して置いておくと、相談に来た生徒にすぐに手渡すことができます。

天井からは調べる過程を可視化したものをつるしてあります。
(→p.75 参考図書参照)

消しゴムのくず入れ

作業をする机には辞典類を常備。

Ⅲ-番外 授業を考えた図書館レイアウト

図書館のレイアウトそのものを変更し、授業に使いやすくした学校があります。
奥にあった高い書架と学習のスペースを入れ替え、奥に学習スペースを設置してあります。

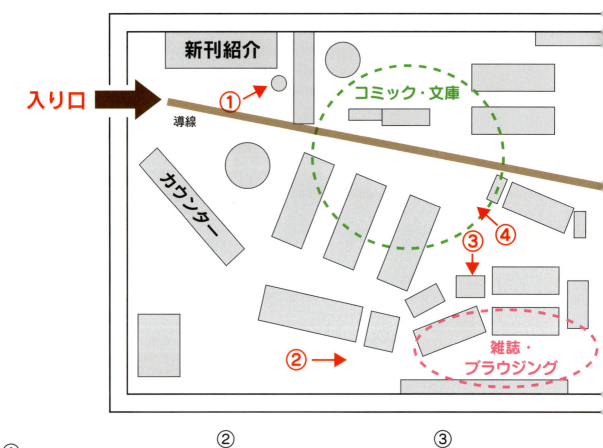

入り口に近いスペースは読書やくつろぎに使われますが、その中にも授業関連のディスプレイが……。

⑥  ⑧

授業スペースの周囲は参考図書を配架。

高い高架で区切られたため、落ち着いて授業ができる空間ができました。

授業の際の着席順は出席番号で指定。

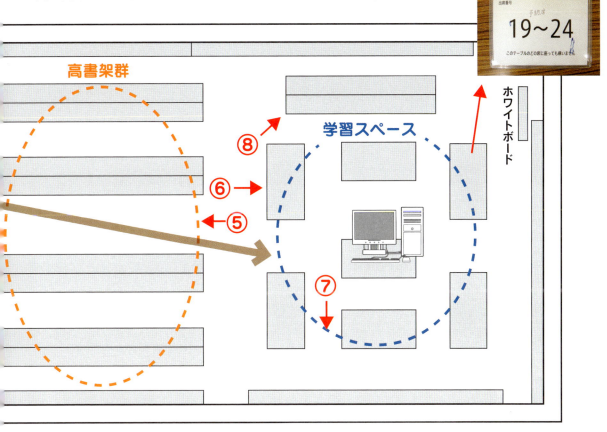

④  ⑤  ⑦

高い書架は中央を利用度の高い9類にし、しかも車椅子で通れるスペースを確保しました。

本の情報の仕入れ方

図書館を整えるためには、本の情報に詳しくなくてはなりません。ベテランの司書や司書教諭の方々にどんなところにアンテナをはっているか、うかがいました。

新聞の書評欄や書評雑誌

ネットの情報（出版社、書評サイト）

ブックカタログ・目的別ブックガイド

研究会などのネットワーク
※巻末にいろいろな研究会、グループをあげてあります。

書店・公共図書館

付録

型紙の使い方

84ページから89ページまで、いろいろな型紙を入れておきました。コピーして切りぬき、POPの台紙にしたり、連続装飾やガーランドに応用したりしてください。

メッセージを書く

飾りものにも

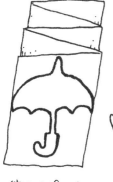
縮小コピーし折りたたんだ紙に写して重ねたまま切りぬく。

CUT!

連続模様ができる。

飾る

ひもに貼りつけてガーランドに。

紙の種類について
POPや装飾物は、使う紙の種類で見た目が違います。手に入るものでいろいろ試してみましょう。

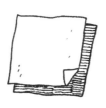
色紙

色上質

ラシャ紙

レザック紙

型紙

型紙

型紙

型紙

型紙

型紙

ディスプレイの著作権　Q＆A

回答者　NPO法人 著作権教育フォーラム　大貫 恵理子

Q1．本の表紙をカラーコピーしてディスプレイに使ってよい？

A. まず、本の表紙が「著作物」であるかという点をチェックしましょう。著作物とは「思想感情を創作的に表現したもの」ですから、表紙がタイトルだけ記載された白表紙だったりした場合は、著作物ではないので自由に使用できます。写真やイラスト、凝ったレイアウト等表紙が「創作的に表現」されている場合は著作物ですから、複製（コピー）して使用する場合には、原則、著作権者の許諾が必要です。ただし、「読み聞かせガイドライン」[注1]に参加している4団体の書籍であれば、「ブックリスト、図書館内のお知らせ、書評等に、表紙をそのまま使用する場合は」、カラーコピーの使用も可能とのことです。

注1　http://www.jbpa.or.jp/pdf/guideline/all.pdf

Q2．本の表紙を「たより」に転載して配付してもよい？

A. 何の目的で表紙を転載するのか、という点に注意が必要です。対象の表紙が「著作物」である場合（以下同）単なる図書の紹介ですと、著作物（表紙）の複製頒布に該当しますので、著作権者の許諾が必要です。しかし、転載目的が単なる図書の紹介ではなく、貸出のための広報目的である場合には、無許諾で使用できます[注2]。また、書評などの場合は要件を満たせば「引用」として、無許諾で使用できます。

注2　著作権法第47条の2

Q3．本の表紙をネット上にアップしてもよい？

A. ネットにアップする行為は「公衆送信」に該当しますので、引用に当たる場合を除き、原則著作者の許諾が必要となります。ただし、Q2のとおり貸出（貸与）のために表紙画像を使用する場合は、定められた大きさや精度等の条件を順守すれば画像の掲載が可能です[注3]。

紙媒体：50cm^{2}以下

電子媒体：プロテクトなしの場合　32,400画素以下／プロテクトありの場合　90,000画素以下

注3　著作権法施行規則第4条の2

Q4．キャラクターや絵本の見開きページのコピーを掲示してもよい？

A. やはり提示の目的が重要なポイントです。そのキャラクターや絵本についての書評や批評、例えばお祭りや料理の仕方などそこに描かれている事象の説明をするために必要である等、自分の論の補強であり、それを見せる必然性があって、必要最低限の量の使用が出典明示をされている場合には、「引用」[注4]の要件を満たしているといえますから、無許諾で利用できます。しかし、「かわいいから」とか「人気があるから」という理由では「引用」には該当しません。権利者の許諾が必要になります。

注4　著作権法第32条

Q5．キャラクターのぬいぐるみをつくって飾るのは？

A. 二次元のキャラクターを三次元に変形してぬいぐるみ（二次的著作物）にするのは翻案権に該当します。従って、著作者の許諾が必要です。もちろん、著作者の死後50年以上経過した著作

権の保護期間満了のキャラクターであれば、問題ありません。ただし、外国著作物のうち第二次世界大戦の連合国の著作物については戦時加算がありますので、最大10年程度保護期間が延長されています。

Q6．本に載っている詩を書き写して掲示してもよい？

A．「書き写し」てもコピー機でコピーしても、デジタルカメラで写真にしても、「複製」には変わりありません。Q9のネットからのダウンロードも「複製」に該当します。従って、「引用」等著作権の制限事項に該当しなければ、著作権者の許諾が必要です。

Q7．新聞記事を切り抜いて掲示してもOK？

A．コピーではなく原紙の切り抜きでの提示であれば、問題ありません。ただし、切り抜きのコピーを複数部作製することは、複製権に抵触しますし、図書館で認められている複製(注5)には含まれませんので、注意が必要です。

注5　著作権法第31条

Q8．新聞記事のコピーの掲示は？

A．著作権保護期間満了の記事であれば、自由に利用できます。新聞などの定期刊行物は、発行の翌年から50年の保護期間になりますので、発刊年ごとの保護期間になります。新聞記事のうち著作物性のない記事については、コピーして利用することは問題ありません。例えば、訃報記事や気温や天気だけの天気予報、記事の見出しなどです。もっとも記事の見出しについては、一部で著作物性が認められるものもありますので、少し気を付けてください。

Q9．ネット上の記事をプリントアウトして掲示するのは？

A．ネットの記事をプリントアウトするのは「複製」に該当します。プリントアウトはもちろんですが、ネットから記事をダウンロードすることも「複製」です。ネットの記事については、利用規約が記載されていると思いますので、まずそれを確認してください。記事によっては下記のマークが記載されているものもあります。その場合は図書館での掲示はおおむね了承されていると考えていいと思います。

クリエイティブコモンズ
http://creativecommons.jp/licenses/

自由利用マーク

オープンソースライセンス

Q10．物語のあらすじ、内容紹介はどこまで許される？

A．物語のあらすじは、全体を短くまとめることですから、内容がどのくらい紹介されるかにもよりますが、物語の全体がわかるようなダイジェスト（要約）ですと、翻案権が働き、著作権者の許諾が必要です。しかし、物語のさわりとかキャッチコピー的な紹介であれば、著作権は働かないとされ、無許諾で作成できます。

著作権法（抜粋）

第五款　著作権の制限

（図書館等における複製等）

第三十一条　国立国会図書館及び図書、記録その他の資料を公衆の利用に供することを目的とする図書館その他の施設で政令で定めるもの（以下この項及び第三項において「図書館等」という。）においては、次に掲げる場合には、その営利を目的としない事業として、図書館等の図書、記録その他の資料（以下この条において「図書館資料」という。）を用いて著作物を複製することができる。

一　図書館等の利用者の求めに応じ、その調査研究の用に供するために、公表された著作物の一部分（発行後相当期間を経過した定期刊行物に掲載された個々の著作物にあつては、その全部。第三項において同じ。）の複製物を一人につき一部提供する場合

二　図書館資料の保存のため必要がある場合

三　他の図書館等の求めに応じ、絶版その他これに準ずる理由により一般に入手することが困難な図書館資料（以下この条において「絶版等資料」という。）の複製物を提供する場合

2　前項各号に掲げる場合のほか、国立国会図書館においては、図書館資料の原本を公衆の利用に供することによるその滅失、損傷若しくは汚損を避けるために当該原本に代えて公衆の利用に供するため、又は絶版等資料に係る著作物を次項の規定により自動公衆送信（送信可能化を含む。同項において同じ。）に用いるため、電磁的記録（電子的方式、磁気的方式その他人の知覚によつては認識することができない方式で作られる記録であつて、電子計算機による情報処理の用に供されるものをいう。第三十三条の二第四項において同じ。）を作成する場合には、必要と認められる限度において、当該図書館資料に係る著作物を記録媒体に記録することができる。

3　国立国会図書館は、絶版等資料に係る著作物について、図書館等において公衆に提示することを目的とする場合には、前項の規定により記録媒体に記録された当該著作物の複製物を用いて自動公衆送信を行うことができる。この場合において、当該図書館等においては、その営利を目的としない事業として、当該図書館等の利用者の求めに応じ、その調査研究の用に供するために、自動公衆送信される当該著作物の一部分の複製物を作成し、当該複製物を一人につき一部提供することができる。

（引用）

第三十二条　公表された著作物は、引用して利用することができる。この場合において、その引用は、公正な慣行に合致するものであり、かつ、報道、批評、研究その他の引用の目的上正当な範囲内で行なわれるものでなければならない。

2　国若しくは地方公共団体の機関、独立行政法人又は地方独立行政法人が一般に周知させることを目的として作成し、その著作の名義の下に公表する広報資料、調査統計資料、報告書その他これらに類する著作物は、説明の材料として新聞紙、雑誌その他の刊行物に転載することができる。ただし、これを禁止する旨の表示がある場合は、この限りでない。

（美術の著作物等の譲渡等の申出に伴う複製等）

第四十七条の二　美術の著作物又は写真の著作物の原作品又は複製物の所有者その他のこれらの譲渡又は貸与の権原を有する者が、第二十六条の二第一項又は第二十六条の三に規定する権利を害することなく、その原作品又は複製物を譲渡し、又は貸与しようとする場合には、当該権原を有する者又はその委託を受けた者は、その申出の用に供するため、これらの著作物について、複製又は公衆送信（自動公衆送信の場合にあつては、送信可能化を含む。）（当該複製により作成される複製物を用いて行うこれらの

著作物の複製又は当該公衆送信を受信して行うこれらの著作物の複製を防止し、又は抑止するための措置その他の著作権者の利益を不当に害しないための措置として政令で定める措置を講じて行うものに限る。)を行うことができる。

第五章　著作物の表示の大きさ又は精度に係る基準

第四条の二　令第七条の二第一項第一号 の文部科学省令で定める基準は、次に掲げるもののいずれかとする。

一　図画として法第四十七条の二 に規定する複製を行う場合において、当該複製により作成される複製物に係る著作物の表示の大きさが五十平方センチメートル以下であること。

二　デジタル方式により法第四十七条の二 に規定する複製を行う場合において、当該複製により複製される著作物に係る影像を構成する画素数が三万二千四百以下であること。

三　前二号に掲げる基準のほか、法第四十七条の二に規定する複製により作成される複製物に係る著作物の表示の大きさ又は精度が、同条に規定する譲渡若しくは貸与に係る著作物の原作品若しくは複製物の大きさ又はこれらに係る取引の態様その他の事情に照らし、これらの譲渡又は貸与の申出のために必要な最小限度のものであり、かつ、公正な慣行に合致するものであると認められること。

2　令第七条の二第一項第二号イの文部科学省令で定める基準は、次に掲げるもののいずれかとする。

一　デジタル方式により法第四十七条の二 に規定する公衆送信を行う場合において、当該公衆送信により送信される著作物に係る影像を構成する画素数が三万二千四百以下であること。

二　前号に掲げる基準のほか、法第四十七条の二に規定する公衆送信を受信して行われる著作物の表示の精度が、同条 に規定する譲渡若しくは貸与に係る著作物の原作品若しくは複製物の大きさ又はこれらに係る取引の態様その他の事情に照らし、これらの譲渡又は貸与の申出のために必要な最小限度のものであり、かつ、公正な慣行に合致するものであると認められること。

3　令第七条の二第一項第二号 ロの文部科学省令で定める基準は、次に掲げるもののいずれかとする。

一　デジタル方式により法第四十七条の二に規定する公衆送信を行う場合において、当該公衆送信により送信される著作物に係る影像を構成する画素数が九万以下であること。

二　前号に掲げる基準のほか、法第四十七条の二に規定する公衆送信を受信して行われる著作物の表示の精度が、同条 に規定する譲渡若しくは貸与に係る著作物の原作品若しくは複製物の大きさ又はこれらに係る取引の態様その他の事情に照らし、これらの譲渡又は貸与の申出のために必要と認められる限度のものであり、かつ、公正な慣行に合致するものであること。

4　第一項（第二号を除く。）の規定は、令第七条の二第二項の文部科学省令で定める基準について準用する。

学校図書館担当者のお役立ち情報源

スキルアップに

公益社団法人 全国学校図書館協議会　http://www.j-sla.or.jp/
公益社団法人 日本図書館協会（学校図書館部会）　http://www.jla.or.jp/
日本学校図書館学会　http://www.jssls.jp/
学校図書館問題研究会　http://gakutoken.net/
学校図書館教育研究会　http://www.gakutokyoken.jp/
日本図書館研究会　http://www.nal-lib.jp/

参考になるサイト

先生のための授業に役立つ学校図書館活用データベース　http://www.u-gakugei.ac.jp/~schoolib/
sLiiic 学校図書館プロジェクト　http://www.sliiic.org/
カレントアウェアネス・ポータル（国立国会図書館）　http://current.ndl.go.jp/

本の情報の参考に

国立国会図書館国際こども図書館　http://www.kodomo.go.jp/
日本子どもの本研究会　http://homepage3.nifty.com/kodomonohonken/
科学読物研究会　http://www.kagakuyomimono.com/
児童文学書評　http://www.hico.jp/
日本ＹＡ作家クラブ　http://jya.iinaa.net/
公益財団法人 東京子ども図書館　http://www.tcl.or.jp/
大阪府立中央図書館国際児童文学館　https://www.library.pref.osaka.jp/site/jibunkan/
カーリル　http://calil.jp

監修者紹介

吉岡 裕子　東京学芸大学附属世田谷小学校 司書。
著書に『協働する学校図書館　子どもに寄り添う12か月』(少年写真新聞社)。ほかに『先生と司書が選んだ調べるための本』(少年写真新聞社)、『鍛えよう！ 読むチカラ』(明治書院)に司書の立場から執筆。東京学芸大学学校図書館運営専門委員会のメンバーとして「先生のための授業に役立つ学校図書館活用データベース」(http://www.u-gakugei.ac.jp/~schoolib/)の運営にも携わっている。

遊佐 幸枝　東京純心女子中学校・高等学校 専任司書教諭。実践女子大学図書館学課程 非常勤講師。
著書に『学校図書館発　育てます！調べる力・考える力　中学校の実践から』(少年写真新聞社)。このほか、『最新図書館用語大辞典』(柏書房)の編集に編集委員として携わり、また『鍛えよう！ 読むチカラ』(明治書院)にも執筆。全国のさまざまな教育研究会での講師も務めている。

ご協力いただいた方々（敬称略）

※所属は 2015 年 3 月現在です。

【画像・取材】
熊本県公立高等学校 司書　秋田 倫子
清教学園中・高等学校探究科 教諭　片岡 則夫
埼玉県立大宮光陵高等学校 司書　柴田 泉
東京都杉並区立四宮小学校 司書　竹田 裕子
東京都立狛江高等学校 司書　千田 つばさ
長野県長野高等学校 司書　西澤 彩香
埼玉県立新座高等学校 司書　宮﨑 健太郎
東京学芸大学附属世田谷中学校 司書　村上 恭子
東京都西東京市立泉小学校 司書　村上 太郎
東京純心女子中学校 専任司書教諭　遊佐 幸枝
東京学芸大学附属世田谷小学校 司書　吉岡 裕子
千葉県袖ケ浦市立昭和小学校 読書指導員　和田 幸子
東京学芸大学附属国際中等教育学校 司書　渡辺 有理子

【記事内容】
神奈川県立田奈高等学校 学校司書　松田 ユリ子
明治大学付属高等学校・中学校 司書教諭　江竜 珠緒
東京学芸大学附属小金井小学校 司書　中山 美由紀
東京学芸大学附属特別支援学校 司書　田沼 恵美子

イラスト、カバーデザイン：永良亮子

発信する学校図書館ディスプレイ　使われる図書館の実践事例集

2015年5月28日　初版第1刷発行　　2018年4月10日　初版第4刷発行		
監 修 者	吉岡裕子・遊佐幸枝	
発 行 人	松本恒	
発 行 所	株式会社　少年写真新聞社	
	〒102-8232　東京都千代田区九段南4-7-16	
	市ヶ谷KTビルⅠ	
	TEL　03-3264-2624　FAX　03-5276-7785	
	URL　http://www.schoolpress.co.jp/	
印 刷 所	大日本印刷 株式会社	

Ⓒ Shonen Shashin Simbunsha 2015　Printed in Japan
ISBN978-4-87981-526-2　C3000　NDC017

編集：藤田千聡　DTP：木村麻紀　校正：石井理抄子　編集長：野本雅央

本書を無断で複写、複製、転載、デジタルデータ化することを禁じます。乱丁・落丁本はお取り替えいたします。
定価はカバーに表示してあります。